AF231718

PRIX : 1 FRANC

LA POLITIQUE

D'ISMAIL-PACHA

ET

LES INTÉRÊTS DE L'EUROPE

DANS LA QUESTION D'ÉGYPTE

AVEC

LES PRINCIPAUX TRAITÉS A L'APPUI

2ᵉ ÉDITION, AUGMENTÉE DE L'OPINION DES JOURNAUX

PARIS

E. DENTU, LIBRAIRE-ÉDITEUR

PALAIS-ROYAL, 17 ET 19, GALERIE D'ORLÉANS

1869

LA POLITIQUE

D'ISMAÏL-PACHA

LA POLITIQUE

D'ISMAÏL-PACHA

ET

LES INTÉRÊTS DE L'EUROPE

DANS LA QUESTION D'ÉGYPTE

AVEC

LES PRINCIPAUX TRAITÉS A L'APPUI

Deuxième édition, augmentée de l'opinion des Journaux.

PARIS

E. DENTU, LIBRAIRE-ÉDITEUR

PALAIS-ROYAL, 17 ET 19, GALERIE D'ORLÉANS

1869

LA POLITIQUE

D'ISMAÏL-PACHA

SOMMAIRE.

But de ce travail. — Aperçu de l'histoire de l'Égypte depuis Ali-Bey jusqu'à Ibrahim-Pacha. — Fondation de la dynastie égyptienne, traité et note de 1841 pour l'hérédité, firman de février. — Ismaïl-Pacha, ses entreprises, son administration. — Iradé impérial pour l'hérédité directe. — Faute commise par la Porte. — Infractions flagrantes aux traités par Ismaïl-Pacha. — Intérêt de l'Europe à ne pas tolérer la séparation de l'Égypte et de la Turquie. — Adresse des négociants d'Alexandrie aux députés de l'opposition de France. — Situation analogue à celle de 1833 et de 1839. — Ce qui adviendrait de l'Égypte et de l'Orient : compétition, guerres. — Moyen facile de les empêcher. — La lettre vizirielle. — Résumé. — Avenir de l'Égypte. — Opinion des journaux.

I.

Notre But.

Le spirituel ministre des affaires étrangères de l'Égypte disait dernièrement dans un salon que si les journaux français étaient suspendus pour un mois lorsqu'ils parlent de ce qu'ils ne savent pas, ils ne paraîtraient jamais. Sans partager tout à fait l'opinion de l'habile ministre, nous croyons que si la presse française était mieux informée, tout ce qui se passe en Orient ne serait pas représenté sous d'aussi fausses couleurs. C'est pour éclairer l'opinion publique sur la plus grave des questions contenues dans les grandes affaires d'Orient que nous écrivons ces lignes.

Nous aimons l'Égypte ; nous sommes profondément dévoué à la famille des Méhémet-Ali. Nous croyons que l'une et l'autre courent en ce moment les plus graves dangers. Nous serons heureux si un exposé franc et sincère de l'état des choses, en faisant la lumière, écarte ces périls.

II.

L'Égypte depuis Ali-Bey jusqu'à Méhémet-Ali. — Fondation de la dynastie égyptienne.

Tout le monde connaît l'histoire de l'Égypte depuis sa conquête par les Turcs sous Sélim Ier. Ce fut presque toujours le rêve de ses gouverneurs de se rendre indé pendants. Mais leurs tentatives n'ont abouti qu'à la ruine ou aux insuccès. Le plus célèbre de tous, Ali-Bey, en 1776, après avoir conquis la Mecque, la Syrie et d'autres provinces, après s'être allié avec les ennemis de la Turquie, ne trouva qu'une mort sanglante en 1778. Cependant, il avait frappé monnaie à son effigie et s'était intitulé le sultan des deux mers.

C'est la facilité avec laquelle en Égypte les révolutions succédaient aux révolutions qui donna vingt ans plus tard à Bonaparte l'idée de conquérir cette riche contrée. Mais les Anglais eussent sacrifié la moitié de leur empire plutôt que de la laisser à la France. Celle-ci dut abandonner sa conquête. Alors, au milieu des troubles et des compétitions qui suivirent la retraite des Français, s'éleva Méhémet-Ali, sur les ruines des Mamelucks.

Après des conquêtes et des succès de toutes sortes, Méhémet-Ali, profitant de la faiblesse de la Porte, accablé par la coalition européenne de 1828, voulut aussi se rendre indépendant. Il prit Saint-Jean-d'Acre et Damas en 1832 et vainquit les armées de son suzerain le sultan Mahmoud à Konieh.

Mais qu'y gagna-t-il?

La Russie, cette ennemie acharnée de la puissance

ottomane, trouva l'occasion excellente pour interven
en protectrice. Elle intervint et Méhémet-Ali dut se co
tenter des Pachaliks de Syrie, à titre temporaire.

Voulant fonder sa dynastie, il réclama l'hérédité dan
sa famille de ces Pachaliks et de l'Égypte. Ses armée
commandées par Ibrahim-Pacha, l'un des plus con
plets génies militaires de l'Orient, furent victorieuse
Mais l'Europe s'alarma, pensant bien que si la Turqu
subissait la loi de son vassal victorieux, c'en était fa
non-seulement de son intégrité, mais de son prestig
Après la séparation de l'Égypte, viendrait la séparati
d'une autre province.

Les ports des Pachaliks furent bombardés, et quoiq
les prétentions de Méhémet-Ali fussent au fond sout
nues par la France en haine de l'Angleterre, il fallut a
cepter un arrangement. Le vice-roi rendit la Crète
même l'Hedjaz. A ce prix seulement, il eut l'hérédité
la vice-royauté d'Égypte. Les annexes du traité de 18
réglèrent les conditions de cet arrangement et la situati
du vassal et du suzerain. Voici la note collective du 10 m
qui, signée par les plénipotentiaires de l'Europe, a su
pendant plus d'un quart de siècle au développement
l'Égypte en la faisant profiter de toute la protection q
l'Europe a constamment depuis accordée à la Turquie.

III.

Note constitutive du 10 mai 1841. — Firman du sultan Mahmoud. — Conditions de l'hérédité.

« Londres, le 10 mai 1841.

« Les soussignés, plénipotentiaires des cours d'Autriche, de la Grande-Bretagne, de Prusse et de Russie, ont eu l'honneur de recevoir la note en date du 27 avril, par laquelle Son Excellence Chékib-Effendi, ambassadeur de la Sublime-Porte, en leur communiquant les instructions dont il vient d'être muni, a bien voulu en appeler au concours des puissances alliées, afin d'aplanir les difficultés qui se sont élevées relativement à l'interprétation de quelques-unes des dispositions contenues dans les firmans émanés le 13 février dernier au sujet de l'arrangement définitif des affaires de l'Égypte. Les dispositions à l'égard desquelles la Sublime-Porte a désiré connaître l'avis des quatre cours alliées se réduisent momentanément aux trois points suivants :

« 1° La question de l'hérédité;

« 2° La fixation du tribut ;

« 3° Les promotions militaires.

« Les règles générales qui servent à résoudre ces tro
questions ont été déterminées en principe par la conve
tion que la Sublime-Porte a conclue le 15 juillet 184
avec les cours d'Autriche, de la Grande-Bretagne, c
Prusse et de Russie. C'est donc aux principes posés pa
cette transaction que les soussignés ont cru devoir s
référer dans les communications qu'ils ont eu l'honner
d'adresser successivement à M. l'ambassadeur ottomar
nommément dans leurs notes du 30 janvier et d
13 mars.

« En se fondant sur la même base, les soussignés
pour répondre au désir exprimé par Son Excellenc
Chékib-Effendi, s'empressent de lui offrir les éclaircis
sements suivants :

1° — *La question de l'hérédité.*

« Le sultan, en réalisant l'intention de Sa Hautesse, avai
manifesté dès l'origine de la crise du Levant et formelle
ment annoncé la détermination de conserver héréditaire
ment l'administration du Pachalik d'Égypte dans la fa-

mille de Méhémet-Ali, tant que lui et ses descendants se rendront dignes de cette faveur, en remplissant fidèlelement les conditions qui y sont attachées.

« Ce principe, une fois légalement posé par l'autorité souveraine du sultan, il ne reste qu'à régler le mode d'après lequel le *poste* de gouverneur d'Égypte sera transmis d'un membre de la famille de Méhément-Ali à l'autre. Or, il a été établi que cette transmission se fera au moyen de l'investiture que le sultan accordera au nouveau titulaire. C'est d'accord avec ce principe que Sa Hautesse, en réintégrant Méhémet-Ali dans les fonctions de gouverneur de l'Égypte, a daigné lui adresser le firman du 13 février.

« De plus , par une disposition spéciale , que le sultan a cru devoir communiquer à ses alliés, le souverain a dispensé Méhémet-Ali de se rendre à Constantinople pour recevoir dans cette capitale l'investiture de son Pachalik. En même temps Sa Hautesse a daigné déclarer qu'elle dispensait également Ibrahim-Pacha de se rendre à Constantinople, lorsqu'il serait appelé à remplacer Méhémet-Ali dans les fonctions de pacha ; et que le firman d'investiture lui serait alors envoyé en Égypte.

« En adoptant cette disposition, telle qu'elle a été com-

muniquée aux cours alliées, la Sublime-Porte a indiqué
elle-même le mode d'après lequel Sa Hautesse se pro-
posait de pourvoir à l'administration du Pachalik d'Égypte
héréditairement dans la famille de Méhémet-Ali. D'après
ce mode, conformément aux usages établis dans l'empire
ottoman, c'est donc Ibrahim-Pacha qui, à titre de plus
âgé dans la famille, se trouve éventuellement appelé à
succéder à Méhémet-Ali dans le poste de gouverneur
d'Égypte.

« En vertu de la même règle, le plus âgé dans la famille après Ibrahim-Pacha sera considéré comme des-
tiné à remplacer Ibrahim dans la charge de gouverneur
d'Égypte.

« Telle est la règle générale que les plénipotentiaires
des cours alliées regardent comme la mieux adaptée aux
intérêts de la Sublime-Porte et la plus analogue aux
usages établis dans l'empire ottoman.

« En répondant ainsi à l'appel que M. l'ambassadeur
ottoman vient de leur adresser, d'ordre de son gouvernement, ils ont cru devoir constater que la nomination
au poste de gouverneur d'Égypte appartient à Sa Hautesse ; que ce droit s'exerce et se manifeste chaque fois
par l'investiture conférée au nouveau titulaire ; enfin,
que cette investiture, accordée par l'autorité souveraine,

constitue le titre en vertu duquel chaque nouveau gouverneur sera appelé à administrer l'Égypte au nom de Sa Hautesse, comme une province faisant partie intégrante de l'empire ottoman.

2° — *Fixation du tribut.*

« L'acte séparé annexé à la convention du 15 juillet n'a point statué sur la quotité du tribut.

« Il a posé en principe : que le tribut serait payé annuellement à la Porte ; qu'il serait proportionné à l'étendue du territoire dont l'administration serait confiée à Méhémet-Ali.

« Qu'à condition du payement régulier du tribut, le pacha d'Égypte percevrait, au nom du sultan et comme délégué de Sa Hautesse, les taxes et impôts légalement établis.

« Enfin, que moyennant la perception de ces impôts, le pacha d'Égypte pourvoira à toutes les dépenses de l'administration civile et militaire dudit Pachalik.

« En rappelant ici ces conditions établies en principe par la convention du 15 juillet, les plénipotentiaires des

cours signataires de cette transaction croiraient dépas-
ser les limites de leurs attributions s'ils émettaient une
opinion décisive sur le montant du tribut, question fi-
nancière relative à l'administration intérieure de l'empire ottoman que les soussignés, ainsi qu'ils l'ont déjà
exprimé dans leur note du 13 mars, ne regardent point
comme étant de leur ressort.

« De plus, ne possédant pas les données statistiques
nécessaires pour servir de base à un jugement solide
sur les ressources financières de l'Égypte, ils ne sauraient prononcer aucun avis sur la quotité du revenu
annuel que le trésor de la Sublime-Porte peut retirer de
cette province.

« Néanmoins, pour satisfaire autant qu'il est en leur
pouvoir au vœu exprimé par Son Excellence Chékib-
Effendi au nom de la Sublime-Porte, ils croient devoir
émettre l'idée qu'au lieu d'affecter au tribut à payer par
le pacha une partie proportionnelle du revenu brut de
l'Égypte, il serait préférable, dans l'intérêt bien entendu
de la Porte, de déterminer le chiffre du tribut par une
somme fixe ; ce qui assurerait au trésor de Sa Hautesse
une recette positive. Toutefois, vu que les bases d'après
lesquelles le montant de cette somme serait déterminée
pourraient être sujettes à varier par la suite du temps,
il serait peut-être utile que le montant nominal de ladite

somme fût soumis à révision à l'expiration de certaines époques.

3° — *Promotions militaires.*

« Le paragraphe 6 de l'acte séparé de la convention du 15 juillet porte que les forces de terre et de mer que pourra entretenir le pacha d'Égypte, faisant partie des forces de l'empire ottoman, seront toujours considérées comme entretenues pour le service de l'État.

« D'après ce principe, les forces militaires employées en Égypte étant celles de Sa Hautesse le sultan, les officiers de terre et de mer n'obtiendront leur avancement qu'en vertu de l'autorité seule *du souverain à qui appartiennent l'armée et la flotte ottomanes.*

« En partant de ce principe, qui est d'une application générale, les soussignés ne sauraient attacher qu'une importance secondaire à la difficulté qui s'est élevée relativement à la question des promotions militaires en Égypte. C'est au sultan qu'il appartient de déléguer à cet égard les pouvoirs qu'il juge nécessaires de confier aux gouverneurs d'Égypte, en se réservant d'étendre ou de restreindre ces pouvoirs selon que l'expérience et les besoins du service pourront en démontrer l'opportunité.

« Si, dans la présente note, les soussignés ont cru pouvoir borner leurs observations aux trois points ci-dessus mentionnés, c'est que par leurs notes collectives du 30 janvier, du 13 mars, et par le protocole du 5 mars, ils ont déjà prononcé leur jugement quant aux autres conditions renfermées dans l'acte séparé annexé à la convention du 15 juillet 1840.

« Persévérant dans les vues et opinions qu'ils ont manifestées par lesdits actes, les soussignés croient devoir s'y référer.

« Ils ne peuvent considérer la soumission formellement faite par Méhémet-Ali que comme absolue, et par conséquent, la question turco-égyptienne comme terminée. Dès lors, les soussignés ne sauraient admettre la supposition que le pacha, en reconnaissance du pardon que le sultan a daigné lui accorder, et des faveurs que Sa Hautesse lui a conférées ainsi qu'à sa famille, ne se maintienne dans les bornes *de l'obéissance et de la soumission* qui sont les conditions de ce pardon et de ces faveurs.

« Les plénipotentiaires des cours d'Autriche, de la

Grande-Bretagne, de Prusse et de Russie, en communiquant ces observations à Son Excellence Chékib-Effendi, l'invitent à vouloir bien les porter à la connaissance de sa cour, comme devant servir de complément au contenu de leur note collective du 13 mars dernier.

« Les soussignés, etc.

« Esterhazy. — Palmerston. — Bulow.
« Brunnow. — Neumann. »

On voit, par la simple lecture de cette note, quelle est la position du vice-roi. Il n'est vraiment et ne doit être qu'un simple administrateur au nom de la Porte ottomane. La vice-royauté n'est pas un trône. D'après la note collective, c'est *un simple poste*, une sorte d'office héréditaire.

On remarquera aussi ce qui est dit de l'hérédité. Afin qu'elle ne puisse pas arriver à des mineurs qui ne sauraient pas exercer les fonctions de vice-roi, elle passe au plus âgé de la famille suivant la loi musulmane.

Le vice-roi est le commandant des forces de terre et de mer de l'Égypte ; mais il doit consulter la Porte pour la nomination des hauts officiers, et l'armée doit toujours être employée au service de l'empire ottoman.

3

Sans doute les conditions sont dures, mais quand on songe que d'illustres vainqueurs comme Méhémet-Ali et Ibrahim les ont acceptées après avoir cependant rendu les plus grands services à l'empire ottoman, on se demande pourquoi Ismaïl-Pacha a tant de peine à les supporter.

On remarquera aussi que les conditions faites par la Porte à Méhémet-Ali ne lui furent faites que comme faveur, à la condition de sa soumission. Le firman de février, sur lequel est basée la note collective, le prouve jusqu'à l'évidence.

L'ingratitude, la rébellion, la mauvaise administration devaient nécessairement les rendre révocables.

Nous croyons devoir mettre sous les yeux de nos lecteurs ce firman dont on parle si souvent sans le connaître.

Firman du 13 février 1841 adressé à Méhémet-Ali.

« L'acte de soumission que tu viens de faire, les assurances de fidélité que tu m'as données et les instructions droites et sincères que tu as manifestées, tant à mon égard que dans les intérêts de la Sublime-Porte, sont parvenues à ma connaissance souveraine et m'ont été très-agréables.

« En conséquence, et le zèle et la sagacité qui te caractérisent, ainsi que les connaissances et l'expérience que tu as acquises dans les affaires de l'Égypte, pendant le long espace de temps que tu as occupé le poste de gouverneur de l'Égypte, *donnant lieu à croire que tu auras acquis des droits à la confiance et à la faveur que je t'accorde, c'est-à-dire que tu en apprécieras toute la portée et toute la reconnaissance que tu devras en avoir, que tu t'appliqueras à faire en sorte que ces dispositions passent à tes fils et à tes neveux,* je t'accorde le gouvernement de l'Égypte dans

ses anciennes limites, telles qu'on les trouve dans l
carte qui t'est envoyée par mon grand vizir actuelle
ment en fonctions, munie d'un cachet et avec le priviég
additionnel de l'hérédité, et avec les conditions suivan
tes :

« Désormais, quand *le poste* sera vacant, le gouver
nement de l'Égypte écherra en ligne droite, de l'aîné
l'aîné, dans la race musulmane, parmi les fils et le
petits-fils. Quant à leur nomination, elle se fera de l
part de ma Sublime-Porte.

« Si jamais le destin veut que la ligne masculine so
éteinte; comme, dans ce cas, ma Sublime-Porte devr
conférer le gouvernement de l'Égypte à une autre per
sonne, les enfants mâles, nés des filles des gouverneur
de l'Égypte, n'auront aucun droit, aucune capacité lé
gale à la succession du gouvernement.

« Bien que les pachas d'Égypte aient obtenu le pri
vilége de l'hérédité, ils doivent cependant être considérés
quant à la préséance, comme étant sur un pied d'égalit
avec les autres vizirs ; ils seront traités comme les au
tres vizirs de ma Sublime-Porte, et recevront les même
titres que les autres vizirs, quand on leur écrit.

« Les principes fondés sur les lois de la vie, de la

sûreté, de la propriété et de la conservation de l'honneur, principes consacrés par les ordonnances de mon hatti-schérif de Gulhane, tous les traités conclus et à conclure entre ma Sublime-Porte et les puissances amies seront complétement mis à exécution dans la province d'Égypte aussi, et tous les règlements faits ou à faire par ma Sublime-Porte seront aussi mis en pratique en Égypte, en les conciliant le mieux que l'on pourra avec les cir-constances locales et les principes de la justice et de l'équité.

« En Égypte, tous les impôts, tous les revenus seront perçus et recueillis en mon nom souverain; attendu ce-pendant que les Égyptiens aussi sont les sujets de ma Sublime-Porte, *et afin qu'ils ne soient pas vexés un jour,* la dîme, les droits et les autres impôts qui seront perçus, le seront conformément au droit équitable adopté par ma Sublime-Porte, et l'on prendra soin de payer, dès que le temps sera venu, sur le droit de la douane, sur la capitation, sur les dîmes, sur les revenus et les autres produits de la province égyptienne de l'Égypte, le tribut annuel, dont la quotité est fixée dans un autre firman impérial.

« Étant d'usage d'envoyer tous les ans, de l'Égypte, des vivres en nature aux deux villes saintes, on conti-nuera à envoyer séparément, à chaque endroit, les vivres et les autres objets, quels qu'ils puissent être, qui y ont été envoyés jusqu'à présent.

« Comme ma Sublime-Porte a pris la résolution d'améliorer la monnaie, qui est l'âme des opérations de la société, et de le faire de manière que désormais il ne puisse y avoir de variation, ni dans l'aloi, ni dans le prix, je permets que l'on batte monnaie en Égypte. Mais les monnaies en or et en argent, que je te permets de battre, porteront mon nom et seront tout à fait semblables, sous les rapports du titre, du prix et de la forme, à celles que l'on frappe ici.

« En temps de paix, 18,000 hommes (1) suffiront pour le service intérieur de la province d'Égypte. Il ne sera pas permis d'en augmenter le nombre. Mais vu que les troupes de terre et de mer sont instituées pour le service de ma Sublime-Porte, il sera permis, en temps de guerre, de les porter au nombre qui sera jugé convenable par nous.

« On a adopté le principe que les soldats employés dans les autres parties de mes États serviront pendant cinq ans, au bout desquels ils seront échangés contre

---

(1) Depuis la Porte a accordé 30,000 hommes.

des recrues. Cela étant, il faudrait qu'à cet égard on suivît le même système en Égypte aussi. Mais par rapport à la durée du service, on s'adaptera aux dispositions des habitants, en observant, à leur égard, ce que l'équité exige.

« Il en sera envoyé chaque année, à Constantinople, pour en remplacer d'autres.

« Il n'y aura aucune différence entre les marques distinctives et les drapeaux des troupes qui seront employées là, et les marques distinctives et les drapeaux des autres troupes de ma Sublime-Porte. Les officiers de marine égyptienne auront les mêmes marques distinctives de grades et les Égyptiens auront les mêmes pavillons que les officiers et les bâtiments d'ici.

« Le gouvernement d'Égypte nommera les officiers de terre et de marine, jusqu'au grade de colonel. Quant aux nominations aux grades supérieurs à celui de colonel, c'est-à-dire de pacha-mirilin et de pacha-férik, *il faudra absolument on demander* la permission et prendre mes ordres là-dessus.

« Dorénavant, les pachas d'Égypte ne pourront pas faire construire des bâtiments de guerre sans en avoir demandé la permission à la Sublime-Porte, et en avoir obtenu une autorisation claire et positive.

« Attendu que chacune des conditions arrêtées comme ci-dessus est adhérente au privilége de l'hérédité, si *une seule* n'est pas exécutée, ce privilége sera aussitôt aboli et annulé. »

Comme on le voit, ce firman est très-expressif; ce n'est pas un droit que concède la Porte, c'est une faveur. La fermeté du ton, la rigidité des expressions en font un document de concession, et non de conquête arrachée. La Porte n'abdique rien de sa dignité et les grands hommes qui gouvernaient alors l'Égypte crurent bon, avantageux, pratique, de se soumettre. Ils sentaient bien qu'isolée, malgré le génie de ses souverains, l'Égypte serait menacée par tout le monde. Profitant de l'intégrité de la Porte, elle était à jamais garantie. La menace de la suppression de l'hérédité, s'ils n'exécutaient pas les conditions du pacte, était d'ailleurs suspendue sur leur tête. Mais jamais la Porte n'eut besoin de la faire valoir. Pendant la guerre de Crimée, l'Égypte fut d'un grand secours à la Turquie. Son gouvernement ne songea pas un instant à une séparation.

IV.

Ismaïl-Pacha, son caractère, ses entreprises, sa politique.

Mais après Méhémet-Ali, après Ibrahim-Pacha, après Abbas-Pacha et Saïd-Pacha, est venu le vice-roi actuel Ismaïl-Pacha.

Celui-ci n'a rien du conquérant, ni comme courage et comme esprit militaires. Mais il en a toutes les ambitions. Lui aussi veut être non-seulement indépendant de la Turquie, mais malgré ses prétendues fondations constitutionnelles, être maître absolu et sans contrôle de l'Égypte. Par ces ambitions il semble à beaucoup d'esprits judicieux compromettre à la fois la dynastie si péniblement fondée par Méhémet-Ali et Ibrahim, mais l'empire ottoman lui-même et la paix de l'Europe. Ses tentatives auront le même sort que celles de ses prédécesseurs, sans en avoir eu le brillant éclat.

Après avoir été d'abord l'ennemi acharné de la Compagnie de l'isthme de Suez et essayé de rompre les traités passés entre son prédécesseur Saïd-Pacha et cette Compagnie, il a bien vite compris tout le parti qu'il pouvait tirer de la popularité conquise par l'entreprise de M. de Lesseps. Il a accepté l'arbitrage de l'Empereur Napoléon III dans ses difficultés avec la Compagnie, il a semblé adopter sans arrière-pensée l'idée du canal, contre lequel il avait ameuté l'Angleterre. Il a appelé en Égypte les acteurs et les actrices, et aussi des écrivains en renom. Il est venu dix fois et revenu en Europe. Il a contracté emprunts sur emprunts, faisant ainsi la fortune des joueurs de Bourse et des capitalistes. Il a su se faire des amis sur toutes les places et dans toutes les presses de l'Europe. Méprisant au fond profondément les Européens qu'il a trouvés malléables à ses séductions, il a flatté l'Europe pour obtenir ce qu'il voulait, et il y a réussi.

Il a d'abord également réussi à Constantinople. Il a accablé d'avances et de flatteries le sultan actuel, ce prince si remarquable mais si facile à croire aux bonnes dispositions de ceux qui l'entourent. Il lui a prêté des troupes pour la pacification de la Crète, alors que son but en envoyant des forces égyptiennes dans cette île n'était que de chercher à s'y faire un parti et à en devenir le sequestre. Mais où il a montré le plus d'habileté, c'est dans ce que nous allons dire.

Profitant des idées libérales qu'ont toujours professées les princes de la famille d'Ibrahim-Pacha qui, par le traité de 1841, pouvaient être appelés à lui succéder, il les a représentés comme en voulant au pouvoir du sultan. Il a ainsi obtenu de celui-ci une modification dans l'ordre de l'hérédité établi par la note collective des puissances européennes et fait substituer à l'hérédité musulmane, basée sur la nécessité d'avoir toujours un homme expérimenté à la tête du gouvernement, l'hérédité directe de père en fils.

***

V.

Iradé impérial de 1866. — Faute commise.

Voici les principales clauses de l'acte du 27 mai qui accorde l'hérédité directe à Ismaïl-Pacha.

Iradé impérial.

« Ayant pris connaissance de la demande que tu m'as soumise et dans laquelle tu me fais connaître que la modification de l'ordre de succession établi par le firman, revêtu du hatti impérial qui a été adressé à ton grand-père Méhémet-Ali-Pacha, le 2 du mois Rebiul-Akher, lui conférant le gouvernement héréditaire de la province d'Égypte, et que la transmission de père en fils en ligne directe et par ordre de primogéniture serait favorable à la bonne administration de l'Égypte et au développement du bien-être des habitants de cette province.

« Appréciant d'autre part, etc., etc.

« J'ai décidé que dorénavant le gouvernement de l'Égypte avec les territoires qui en dépendent et avec les Kamakanies de Souakem et Massouah, sera transmis à l'aîné de tes enfants mâles et de la même manière aux fils aînés de tes successeurs.

« Que si, à sa mort, le gouverneur général de l'Égypte ne laisse aucun enfant mâle, la succession sera transmise à l'aîné de ses frères et, à défaut de frère, à l'aîné des enfants mâles du plus âgé parmi les frères du défunt.

« Telle sera désormais la loi de la succession en Égypte. »

Mais comme si le cabinet ottoman eut prévu ce qui devait arriver, il introduisit une clause qui passa inaperçue, mais qui reprenait formellement, en cas d'inobservation des conditions de 1841 par Ismaïl-Pacha, les faveurs accordées.

Cet article auquel Fuad-Pacha fit allusion plus tard quand il répondit à quelqu'un qui lui reprochait la facilité avec laquelle on s'était rendu aux vœux d'Ismaïl : « Nous, mais nous ne nous sommes engagés à rien, c'est lui qui s'est engagé à tout, » cet article, disons-nous, est explicite. Il faut que chaque puissance européenne et qu'Ismaïl lui-même en pénètre bien le sens et la portée. Le voici :

« En outre, les conditions contenues dans le firman de Rebiul-Akher, sont et demeurent à tout jamais en vigueur comme par le passé ; chacune de ces conditions sera constamment observée et *le maintien du privilége qui découle de ces conditions dépendra de l'observation intégrale de chacune des obligations qu'il renferme.* »

VI.

Suite des entreprises du Kédive. — Son aveuglement. — Patience de la Turquie. — Explosion.

C'était clairement dire à Ismaïl-Pacha que s'il n'exécutait pas dans toute leur teneur les clauses de la note de 1841 et du firman, il perdrait même le gouvernement de l'Égypte.

Mais, aveuglé par l'ambition, le vice-roi ne vit pas jusqu'où l'insertion de ce passage dans l'iradé impérial pouvait entraîner les choses. Il accepta. Il accepta même une augmentation de tribut ; au lieu de 80,000 bourses, il promit de payer par an au trésor impérial 150,000 bourses, soit 750,000 livres ottomanes.

Rien ne lui parut trop cher pour payer l'hérédité directe.

Cependant ce fut une faute de la lui accorder. Après cette faveur, Ismaïl-Pacha en voulut une autre. Le titre de vice-roi lui semblait trop petit, il demanda et obtint celui de kédive, qui, moins banal et plus pompeux, ne lui donnait aucune nouvelle puissance, mais pouvait servir, étant peu connu, à subjuguer les esprits.

Le nouveau kédive se crut alors arrivé au but que ses premiers prédécesseurs avaient poursuivi inutilement, malgré leur génie et leur grandeur militaire. Toutefois, n'osant demander directement l'indépendance absolue, il la pratiqua en fait. Il demanda, sans l'intermédiaire de la Turquie, l'abolition des capitulations, demande qui ne pouvait être soulevée que par la Porte. Son ministre des affaires étrangères vit directement les ambassadeurs. On s'attacha à nouer des relations directes avec les puissances.

Le kédive invita directement les souverains à l'inauguration du canal de Suez, invitation qui ne pouvait appartenir qu'au sultan. Il parla en prince souverain aux corps constitués, aux consuls et aux agents diplomatiques, sans même faire allusion aux droits de la Porte. En un mot, il se mit en dehors du traité de 1841 par la ruse, par l'adresse. Mais le sultan ne pouvait, sans abdiquer, pas plus tolérer cette usurpation successive que ses prédécesseurs n'ont toléré les entreprises armées de Méhemet-Ali et d'Ibrahim. L'Europe ne pouvait non plus, sans abdiquer tous ses précédents, prêter la main à une telle conduite. De là est née la situation actuelle.

Elle est la même qu'en 1833 et en 1839, quoique beaucoup moins dangereuse, car en 1833 et en 1839, il fallut des armées pour lutter et l'intervention de l'Europe fut nécessaire. Aujourd'hui une interprétation ferme, nette, précise de l'iradé de 1866 suffit, puisque le vice-roi a manqué le premier à ses obligations, au lieu de reconnaître les faveurs dont il était l'objet.

L'Europe ne saurait s'y opposer.

VII.

Principes de l'Europe sur l'intégrité de la Turquie.

L'Europe professe un grand principe pour lequel elle a failli prendre les armes en 1840, pour lequel elle les a prises en 1853, pour lequel elle a sacrifié des milliers d'hommes et des milliards d'argent : c'est celui de l'intégrité de l'empire ottoman. La France, l'Angleterre et l'Italie ont soutenu ce grand principe contre le colosse russe. Elles n'ont pas craint de servir de bouclier à la Turquie contre le czar Nicolas, alors le plus grand potentat du monde entier. Pourrait-on croire qu'elles iraient la sacrifier de gaieté de cœur aux ambitions d'Ismaïl-Pacha ?

Permettre que l'Égypte se séparât de la Turquie, ce serait ouvrir la succession de ce prétendu moribond que ni Napoléon III, ni lord Palmerston, ni l'Autriche, ni même la Prusse, ni Victor-Emmanuel, n'ont voulu abandonner en 1853.

Quand on aurait permis à Ismaïl-Pacha de démembrer l'empire ottoman, de quel droit défendrait-on à la Russie de prendre ce qui serait à sa convenance du côté du Kars et même du côté de Constantinople ?

De quel droit défendrait-on au premier gouverneur venu de se séparer aussi ? L'Égypte complétement séparée, il n'y a plus évidemment d'empire ottoman. Il est à la merci du premier occupant. Le sultan abdiquerait en laissant s'accomplir cette séparation absolue. Les ministres trahiraient leur maître et leur pays. Ils provoqueraient des explosions sanglantes dans l'empire. Aucun peuple musulman, depuis la mer Noire jusqu'aux Indes, ne voudrait reconnaître le vice-roi d'Égypte comme successeur des Kalifes. Il ne faut pas traiter légèrement les incendies qui s'allumeraient partout en cas de schisme.

VIII.

Intérêts de l'Europe à ne pas permettre la séparation.

On peut néanmoins se demander s'il serait avantageux pour l'Europe que l'Égypte fût indépendante.

Un simple coup d'œil sur l'état des choses montre qu'il n'en serait rien.

Abandonnée à ses simples forces, n'ayant pas le prestige que donne à la Turquie sa longue existence, l'Égypte ne pourrait contenir le flot arabe qui tend toujours à reprendre son invasion vers l'occident. L'Arabe en est toujours à croire que le monde lui appartient. Il ne voudrait jamais voir dans un prince égyptien le commandeur des croyants, le chef de la grande famille mahométane. Ce serait sans cesse des révoltes, des massacres. La Turquie, d'accord avec l'Europe, a réussi à modérer le fanatisme des pèlerins. Ne sentant plus sa main, ils se livreraient à tous les excès et empêcheraient la sécurité du grand commerce que l'on se promet du percement de l'isthme de Suez.

Comme nous l'avons dit, la Russie, voyant que le partage de l'empire ottoman a commencé, réclamerait certainement sa part. L'Angleterre, la France, ou le permettraient et chercheraient à prendre chacune un morceau de cet empire, ou bien elles feraient comme en 1853, elles s'opposeraient aux conquêtes russes. Ce ne serait en Europe que conflits sanglants qui feraient reculer la civilisation et la liberté. Qu'est-ce que le gouvernement d'Ismaïl - Pacha ferait d'ailleurs de l'Égypte? La guerre qu'il a déclarée aux capitulations prouve qu'une fois affranchi du sultan, il voudrait aussi s'affranchir des Européens. La preuve en est dans les réclamations des Européens. Les journaux français n'ont-ils pas publié dernièrement les adresses des négociants français aux députés de l'opposition, notamment celle à M. Picard, si significative.

LES FRANÇAIS A ALEXANDRIE D'ÉGYPTE.

9 juillet 1869.

« *A M. E. Picard, député au Corps législatif*.

« Monsieur le député,

« Les citoyens français soussignés font appel à votre patriotisme.

« L'abandon dans lequel nous laissent les représentants français, qui devraient être nos défenseurs naturels en Égypte, nous a inspiré de vives et grandes inquiétudes.

«Les capitulations, ce sanctuaire des intérêts français depuis des siècles, sont menacées. Abolies ou modifiées, c'est la ruine pour nous.

« Nous appelons toute votre attention sur ce qui se passe à ce sujet dans les régions des différents pouvoirs.

« Éloignés de la mère-patrie, nous ne perdons pas nos droits à la sympathie. Nous comptons sur la vôtre pour les défendre. »

(Suivent les signatures.)

D'ailleurs qu'a-t-il fait jusqu'ici, ce gouvernement qui personne n'ose défendre ouvertement?

Nous ne voulons pas envenimer le débat. Une note doit être adressée aux puissances par le Divan. On retracera toute l'administration du vice-roi, la situation désespérée des fellahs, les violences commises, les millions dépensés, sans aucune espèce de profit. Mais revenons aux intérêts de l'Europe.

Les intérêts financiers les plus graves sont en ce moment engagés tant dans les emprunts égyptiens que dans l'immense affaire de l'Isthme de Suez. Est-ce que ces intérêts ne seraient pas gravement compromis si la tentative séparatiste d'Ismaïl-Pacha aboutissait? Au lieu de la caution morale de la puissance suzeraine, les créanciers de l'Égypte n'auraient plus en face d'eux que la plus ou moins bonne volonté du gouvernement égyptien, ou plutôt que le seul Ismaïl-Pacha.

Quant à l'entreprise de Suez, ne se rappelle-t-on pas que le point de départ est un firman de la Turquie, une concession par conséquent du sultan. La Turquie est garante en fait. C'est à elle que remonte la responsabilité. Si elle ne l'avait pas voulu, il n'y aurait pas eu de percement. Les actionnaires ont aujourd'hui pour eux deux cautions. Il ne leur resterait plus que celle de l'Égypte.

IX.

Situation analogue à celle de 1833 et de 1839. Moyens de conjurer les périls.

Mais, dira-t-on, c'est un grand conflit qui va avoir lieu. Si le sultan veut forcer Ismaïl-Pacha à renoncer à ses velléités de séparation, ce seront de nouvelles batailles de Konieh, de Homs, de Nésib, de nouvelles convulsions. La paix de l'Europe sera mise en danger.

Erreurs considérables. En premier lieu, ni l'armée égyptienne, ni la flotte égyptienne, ne sont dans l'état redoutable où elles étaient du temps d'Ibrahim. Ismaïl-Pacha n'a point le prestige de ce grand homme. Le pays opprimé n'attend que l'occasion de sa délivrance.

Que la Porte fasse un manifeste à l'Europe, qu'elle y expose les usurpations successives du vice-roi, l'état de l'Égypte, la nécessité de changer une situation qui peut mettre le feu au monde ; qu'elle use de son droit, et que, se tenant dans les termes du traité, elle choisisse un autre vice-roi parmi les autres princes si populaires qui composent la famille de Méhémet-Ali, et le vice-roi actuel sera abandonné de tous, sans protestations violentes, sans combat. On s'éloignera de lui, et il ira jouir de sa prodigieuse fortune en Europe.

Pour asseoir son pouvoir, le vice-roi qu'on lui substituera, soit Halim, soit Mustapha-Fazil, sera forcé de faire des réformes sérieuses et non des réformes de fantaisie. Il sera forcé de tenir les engagements pris avec les créanciers de l'Égypte, avec les actionnaires de l'isthme de Suez ; il sera forcé de faire régner l'ordre, non plus par l'oppression, mais par l'affranchissement progressif des fellahs ; il sera forcé d'établir des juridictions régulières, afin de préparer, par l'exemple de l'Égypte elle-même, la réforme des capitulations ; il sera forcé de ne plus jeter les millions aux célébrités de théâtre venues d'Europe et à employer ces millions aux travaux utiles. La prospérité de l'Égypte raffermira sur ses bases l'empire ottoman. Les craintes de l'ouverture de la succession turque seront éloignées. Les ambitions rétrograderont et la paix de l'Europe sera assurée.

C'est en vain qu'on dit qu'Halim ou Mustapha-Fazil continueraient purement et simplement Ismaïl-Pacha. Leur intérêt serait de rompre avec ses traditions et de gouverner constitutionnellement en bon accord avec la Turquie et de faire fleurir la vraie civilisation là où règne aujourd'hui l'arbitraire.

X.

Lettre vizirielle.

Au besoin, nous en trouverons la preuve dans la lettre que le grand vizir, par ordre du gouvernement de la Porte, a écrite au Kédive. Voici cette lettre, telle que les journaux et les correspondances viennent de la publier. Elle éclaire et confirme tout ce que nous avons dit.

« Votre Altesse connaît déjà toutes les rumeurs et les appréciations diverses auxquelles le but principal et l'objet essentiel de son voyage en Europe n'avaient pas manqué de donner lieu, soit dans la presse, soit au sein des cabinets.

« Au moment même où ces bruits venaient à circuler partout, une explication franche et loyale nous a paru le seul moyen propre à écarter tous les doutes et toutes les difficultés que ces rumeurs pouvaient faire naître; je viens donc, par ordre de notre auguste maître, et profitant du récent retour de Votre Altesse en Egypte, l'entretenir de ce qui suit :

« La haute confiance et la bienveillance de S. M. I. le Sultan à l'égard de Votre Altesse ont été constatées par plus d'une preuve ostensible et matérielle, pour que nous ayons besoin d'y revenir et nous y étendre.

« A une époque où il se trouvait au milieu de complications politiques de la plus haute gravité, le gouvernement impérial ne s'était point refusé, tout en les modifiant, à donner suite aux diverses demandes que Votre Altesse avait formulées et qui ne paraissaient point aux yeux du monde conformes aux sentiments de loyauté que notre auguste maître était en droit d'attendre d'Elle.

« Cette circonstance et la conduite étrange des troupes égyptiennes à leur arrivée et au commencement de leur séjour en Crète, à l'époque de la dernière insurrection de cette île, et la précipitation avec laquelle on avait procédé à leur départ, et d'autres incidents semblables, avaient été presque oubliés par S. M. I. le Sultan, et cela dans le seul but de donner à Votre Altesse une nouvelle preuve de haute bienveillance dont elle ne cessait d'être animée envers Elle.

« Ainsi, la conscience de Votre Altesse ne saurait ne pas convenir que non seulement Sa Majesté Impériale ne voulait entraver la continuation, dans les limites désignées de sa position, mais aussi Elle n'a épargné aucune aide et aucune facilité à cet égard.

« La grande contrée de l'Egypte qui est placée sous l'administration de Votre

Altesse étant une des parties les plus importantes des possessions territoriales de S. M. I. le Sultan, le bien-être et la prospérité de ses habitants sont naturellement l'objet de sa plus vive sollicitude.

« En conséquence et en vertu de son droit de Souverain du pays, notre auguste maître aurait dû exercer une surveillance sur les dépenses qui pèsent si lourdement sur le présent comme sur l'avenir de l'Egypte. Si cette surveillance n'a pas été exercée, si les autres droits et devoirs déterminés par les firmans impériaux qui ont confié à la famille de Votre Altesse l'administration héréditaire de l'Egypte n'ont pas été invoqués, c'est non pas parce que Sa Majesté ait entendu renoncer à aucun de ses droits et devoirs, mais c'est uniquement parce que Sa Majesté était convaincue que Votre Altesse, dans sa haute sagesse, n'abuserait pas de ce laisser-aller, et, appréciant les bienfaits dont elle était l'objet, elle ne s'écarterait jamais du chemin de la fidélité et du dévouement.

« C'est au moment où cette conviction existait dans toute sa force et où la bienveillance de S. M. I. le Sultan à l'égard de Votre Altesse continuait et augmentait de jour en jour, que le projet de voyage de Votre Altesse en Europe me fut annoncé.

« Quoique Votre Altesse ait bien voulu nous donner avis de son départ, elle n'a pas cru pourtant devoir nous édifier sur le plus ou moins de valeur des motifs que la voix publique assignait à ce voyage, ni nous donner une réponse quelconque aux demandes d'explications qui lui furent adressées officieusement.

« Tout étonnés que nous fussions de ce silence, nous crûmes devoir attendre le moment de nous éclairer par les faits.

« C'est dans cet intervalle que nous avons été informés de la visite que Votre Altesse est venue, directement d'Alexandrie à Corfou, faire à S. M. le roi des Hellènes et de l'invitation qu'elle a faite à ce souverain d'assister à l'ouverture du canal de Suez. La nouvelle de la même invitation faite aux autres souverains que vous visitiez a suivi de près cette première information.

« Il est inutile de dire que notre auguste maître ressentirait un grand plaisir de voir les souverains de l'Europe, si cela leur plaisait, assister à l'inauguration d'une grande œuvre qui s'accomplit dans une des parties de son territoire, et honorer de leur bienveillance un des principaux membres de son gouvernement, placé à la tête de l'administration égyptienne.

« Seulement Votre Altesse est trop éclairée pour qu'on ait besoin de lui rappeler que l'invitation d'un souverain indépendant à un pays étranger doit se faire par le souverain indépendant de ce pays. Le contraire touche aussi bien à la dignité de l'invité qu'aux droits du souverain territorial.

« Donc, la forme adoptée dans cette question par Votre Altesse se trouve sous tous les points contraire et au respect dû aux droits sacrés de notre souverain, et aux égards nécessaires aux augustes princes qu'elle s'est proposé d'inviter.

« D'un autre côté, il était du devoir des représentants de la Sublime-Porte à l'étranger de se mettre à la disposition de Votre Altesse comme à celle de l'un des plus grands dignitaires de notre Empire. C'était par leur entremise que les relations officielles de Votre Altesse devaient avoir lieu. Il semblerait cependant que leur empressement à remplir ce devoir, loin d'avoir été agréable à Votre Altesse, n'a eu d'autre effet que celui de lui déplaire, et c'est avec peine que nous avons eu à constater toute la réserve qu'elle a cru devoir mettre dans ses rapports avec eux.

« Votre Altesse sait mieux que personne, et il est d'ailleurs expressément stipulé dans les firmans impériaux que, sauf les quelques priviléges établis en sa faveur, l'Egypte ne diffère en rien des autres provinces, et que son administration ne peut entretenir des relations officielles directes avec les puissances étrangères.

« Les traités qui existent entre la Sublime-Porte et les autres Etats aussi bien que les lois fondamentales de l'Empire doivent y avoir la même force et vigueur.

« Malgré ces principes fondamentaux, les voyages continuels en Europe du personnage qui prend le nom et le titre de ministre des affaires étrangères de l'Egypte dans le but de faire des efforts pour obtenir, en faveur de celle-ci, le changement desdits traités, et de nouer avec les puissances des négociations directes à cet effet; le grand soin qu'il met à cacher à nos représentants l'objet de sa mission plus qu'à qui que ce soit, son abstention de tout contact avec eux, constituent autant de faits aussi attentatoires aux droits de la Sublime-Porte que contraires à vos obligations, qu'on ne saurait point tolérer plus longtemps. Car il est devenu évident aux yeux de notre auguste maître que si les puissances chez lesquelles le respect des droits et des traités est un principe immuable ; si, dis-je, les puissances avaient montré la moindre disposition favorable , l'abolition de nos traités, leur remplacement par d'autres, la suppression, en un mot, des contenus des firmans qui y servent de base à l'existence et à la durée de l'administration actuelle de l'Egypte, était le but auquel on voulait atteindre.

« Intérieurement aussi, les dépenses incalculables et écrasantes occasionnées par les commandes des vaisseaux cuirassés, des armes à feu et autres, soumettent les habitants de cette partie de l'Empire à des charges bien au-dessus de leurs moyens et les mécontentent contre l'administration.

« Ainsi qu'il a été dit plus haut, et que nous ne saurions trop répéter, S. M. le Sultan, notre auguste souverain, animé de la plus vive sollicitude pour le bien-être et la prospérité de l'Egypte, et désireux de voir jouir cette province de ses priviléges, dans leurs limites légitimes, ne saurait jamais consentir à voir s'affaiblir les liens qui l'attachent à son Empire.

« Placée qu'elle est sous le principe de la sauvegarde de l'intégrité de l'Empire, il est impossible de se rendre compte des raisons qui peuvent mettre l'administration de ce pays dans l'obligation d'épuiser le Trésor public pour l'achat de navires cuirassés et d'armes de toute espèce. Comme le peuple ne peut sous aucun rapport supporter longtemps la charge de pareilles dépenses, aussi grandes qu'infructueuses, S. M. le Sultan, qui est le souverain légitime du pays et le protecteur naturel de ses sujets, ne saurait le permettre.

« C'est une vérité reconnue partout que le luxe n'étant point la cause mais l'effet de la civilisation, le véritable progrès consiste dans l'accomplissement des réformes qui produisent cette civilisation. L'esprit juste et éclairé de Votre Altesse rend donc superflu pour nous le soin de lui démontrer les conséquences désastreuses auxquelles on s'expose lorsque, négligeant les bases fondamentales, on commence par des objets qui n'en doivent être que les effets.

« Le but de ces explications franches et loyales est d'appeler la sérieuse attention de Votre Altesse sur des faits dont la continuation, ainsi que la persistance dans la voie suivie, ne peuvent se concilier ni avec les intérêts bien entendus de la province impériale, dont la bonne administration lui est confiée, ni avec le maintien des droits reconnus de Sa Majesté Impériale, qu'il importe avant tout de préserver de toute atteinte.

« Nous ne doutons point que Votre Altesse, dans sa haute sagesse, prenant en sérieuse considération les observations qui précèdent, ne veuille bien se désister de tout ce qui dépasse les limites de ses priviléges et de ses obligations , et, par reconnaissance pour les grands bienfaits dont elle a été l'objet de la part de notre auguste maître, ne concentre désormais tous ses efforts à l'accroissement de la prospérité de l'Egypte et à la garantie de la vie et de la propriété de ses habitants.

« A mesure que Votre Altesse se renfermera dans les limites des conditions mises à ses priviléges, la bienveillance dont notre auguste maître ne cesse d'être animé envers elle ne manquera pas de s'accroître et de redoubler. Ces conditions, longuement énumérées dans les firmans susmentionnés, il est superflu de les récapituler ici.

« Comme il serait impossible au Gouvernement impérial de se désister d'une seule des dispositions contenues dans ces firmans, il se verra, quoique à regret, obligé de recourir à leurs dispositions toutes les fois qu'il s'agira de prendre des mesures pour rétablir dans leurs limites et réprimer les actes contraires qui pourront se produire et pour sauvegarder les droits et les traditions.

« En conséquence et d'ordre de S. M. I. le Sultan, notre auguste maître, je viens communiquer à Votre Altesse, sans le moindre détour et avec toute franchise, l'état réel des choses et j'ai l'honneur d'attendre une réponse nette et catégorique offrant toutes les garanties nécessaires pour l'avenir, et qui ne puissent pas rester à l'état de lettre close.

« *Signé* A'ALI. »

XI.

Résumé. — État de la question. — Avenir de l'Égypte.

Quoi qu'il en soit, voici où en sont maintenant les choses. Le sultan et ses ministres voient clairement que le Kédive qu'ils ont comblé de faveurs veut leur échapper. Il prétend n'avoir plus qu'un suzerain nominal et traiter directement avec les puissances.

La Turquie, toujours prudente, s'adresse à celles-ci. Elle leur expose l'état des choses.

L'Égypte opprimée est à la veille d'une révolution. La population pressurée est dans l'exaspération. Les emprunts successifs rendent d'autres emprunts impossibles. La dette de l'Égypte est énorme ; elle atteint près de 900 millions de francs. Le traité de 1841, l'iradé de 1866, ne sont pas exécutés. Le Divan est en possession de correspondances qui le prouvent.

La France lui conseille, dit-on, la prudence. L'Angleterre ne veut à aucun prix voir l'Égypte courir les aventures et retomber dans la situation où elle était quand la France voulut la conquérir. La Russie, la

Prusse engagent le sultan à faire respecter ses droits. L'Italie est moins affirmative.

Cependant, il faut s'entendre : la situation est brûlante. Encore un pas et l'Égypte serait séparée de fait.

On peut affirmer qu'elle serait dès lors perdue. La population égyptienne, livrée à un despotisme sans contrôle et sans appel, émigrera comme en 1838 firent tant de tribus opprimées. Les intérêts des créanciers de l'Égypte seront compromis ; ceux des actionnaires de l'isthme de Suez le seront également.

Il importe donc qu'une décision soit prise. Quand Mahmoud, au milieu de tous ses embarras, ne craignit pas de tirer l'épée contre le tout-puissant Méhémet-Ali, est-ce que Abd-ul-Aziz hésiterait à faire valoir ses droits et ceux des traités contre le faible Ismaïl ? Est-ce qu'il voudrait laisser dans l'histoire le nom d'un prince qui a perdu gratuitement le plus beau fleuron de sa couronne ?

Non ! Il n'en peut être ainsi. Ou bien les traités seront exécutés et Ismaïl rentrera dans leur stricte exécution, ou bien un autre prince les exécutera à sa place. Déjà, il a perdu par le fait l'hérédité telle qu'il l'avait demandée et obtenue en 1866. L'iradé de cette année est annulé.

Maintenant d'autres actes sont absolument nécessaires pour la tranquillité du monde, le salut de l'empire ottoman et l'avenir de l'Égypte.

L'Égypte, par l'ouverture du canal de Suez, par la richesse inexprimable de son sol, par l'esprit de travail et d'économie de ses fellahs, est appelée au plus grand avenir. Mais il faut qu'elle ait un gouvernement régulier, libéral, fondé sur des principes constitutionnels, donnant des garanties à ses gouvernés, économe, payant ses anciennes dettes et n'en faisant de nouvelles que pour des fondations sérieuses et utiles.

———

XII

Opinion des journaux.

On ne doit pas en diplomatie donner à l'opinion des journaux plus d'importance qu'elle n'en mérite.

Cependant Napoléon III a dit, dans une circonstance solennelle, que c'est toujours en définitive l'opinion publique qui remporte la dernière victoire.

Or, toute l'opinion publique européenne, par ses

organes les plus importants, a blâmé le vice-roi dans ses entreprises. Il serait difficile de trouver une défense de fond en sa faveur. Même, non-seulement il ne s'est produit aucune pièce diplomatique à son avantage, mais dans tout ce monde officiel européen où sa clef d'or lui avait, disait-on, ouvert tant d'influences, personne n'eût osé entreprendre son apologie.

Ainsi en Suisse, il s'est élevé une polémique au sujet des enrôlements faits par le vice-roi.

C'est en vain que les agents de celui-ci ont prétendu que les hommes enrôlés ne devaient pas être employés comme soldats par Ismaïl Pacha, mais seulement comme gardiens du bon ordre pour les pèlerinages de la Mecque, l'opinion publique suisse a réclamé une enquête. Les journaux ont demandé que les lois suisses fussent respectées et qu'on ne laissât pas le sang helvétique se prostituer à la défense d'un despote oriental. Nous pourrions citer vingt articles à ce sujet.

L'opinion publique anglaise s'est également prononcée contre les prétentions du vice-roi. Ce n'est pas seulement l'*International* de Londres qui l'a poursuivi de ses railleries, le *Times* et les autres organes de premier ordre de la cité ont blâmé ses tendances séparatistes.

Il en a été de même d'un très-grand nombre de correspondances et de journaux germaniques. On peut dire plus. Ce sont principalement les correspondances de Vienne qui ont signalé les tendances du vice-roi.

Mais ce qu'il y a eu de plus remarquable assurément, c'est la presque unanimité des journaux français pour déclarer que les tentatives du vice-roi étaient à la fois inopportunes et dangereuses, qu'elles pouvaient mettre le feu au monde et provoquer encore une fois l'intervention de la Russie en Orient.

Devant un semblable accord des feuilles importantes de l'Europe, nous disons de nouveau :

« Oui, l'opinion publique remporte la victoire dans le différent turco-égyptien. »

La Turquie appuyée par elle prendra des mesures pour qu'à l'avenir ceux qui occuperont le poste héréditaire d'Égypte ne se montrent pas ingrats envers le Sultan et restent ses lieutenants devoués et fidèles.

Paris, Imp. Paul Dupont, 41, rue Jean-Jacques-Rousseau. — 3898.9.9.

EN VENTE A LA MÊME LIBRAIRIE

ACTUALITÉS

Profils Parlementaires de nos députés, par L. DE LA COMBE, 1 vol. grand in-18. 3 »
Le Concile et la Science moderne, par l'abbé J.-H. MICHON. Brochure in-18. 1 »
La Sonnette du Sacristain, par CHARLES SAUVESTRE. Brochure in-18 . . . . . » 60
Les Athées et les Théologiens au Concile œcuménique, par FRANCISQUE BOUVET, 1 vol. in-18 . 3 »
Sur les Genoux de l'Église, par CHARLES SAUVESTRE, 1 vol. in-18. . . . . . . 1 »
Les Jésuites hors la loi, par J.-M. CAYLA, 1 vol. in-18 . . . . 1 »
Gustave Lambert au Pôle Nord. Ce qu'il y va faire, par O. COMMETTANT. Brochure in-18. . . 1 »
Le Trafic des Chemins de fer, par MAX. HOFFMAN. Brochure in-18 . . . . . . 2 »
Profils Parlementaires (1863-69), par L. DE LA COMBE, 1 vol. in-8º . . . . . . 5 »

POLITIQUE INTÉRIEURE

Conseils sincères aux partisans de l'Empire. Brochure grand in-8º . . . . . 1 »
Le Gouvernement personnel, par ÉVARISTE BAVOUX. Brochure grand in-8º. . . » 50
Le Paysan aux Élections de 1869, par N. BAUDRY. 1 vol. in-18. . . . . . . 1 »
Les Finances de l'Hôtel de Ville, par HORN. Brochure grand in-8º. . . . . . 1 »
Le Bilan de l'Empire, par HORN. Brochure grand in-8º . . . . 1 »
L'Empire et ses principes financiers, par MERLIN. Brochure grand in-8º. . . 1 »
Qui a fait la France? Brochure grand in-8º . . . . 1 »
Les Réunions publiques à Paris (1868-1869). Brochure in-8º . . . . 1 »
Les Réunions électorales à Paris, Mai 1869. Brochure in-8º . . . . 1 »
De la Forme actuelle du gouvernement en France. — Lettres à un député, par S.-A. DUFAU. 1 vol. grand in-18 . . . . 2 50
Nos Mœurs politiques, par FERNAND GIRAUDEAU. 1 vol. in-8º . . . . 5 »
Lettre à un Électeur, par un ancien Constituant. Brochure grand in-8º. . . . 1 »
Les Élections prochaines, par M. le comte de FALLOUX. Brochure grand in-8º 1 »
Le Dossier de 93, par le Docteur GRÉGOIRE. Brochure in-18 . . . . 1 »
Le Dessous des Cartes, par CH. TRESVAUX DU FRAVAL. Brochure in-8º. 1 50
Les Candidatures officielles, par E. BILLEQUIN. Brochure grand in-8º. . . . . 1 »
Les Agitateurs, par ÉMILE MALCAZE. Brochure grand in 8º 1 50
La Voix de la France, par le comte ALFRED DE LA GUÉRONNIÈRE. Brochure in-8. » 75
Projet de Concordat entre le gouvernement personnel et le progrès, par M. d'ESTERNO. Brochure grand in-8º 1 50

POLITIQUE EXTÉRIEURE

L'Émigration Polonaise et le Budget Français (1831 à 1868). Br. gr. in-8º. 1 »
Le Spectre noir. Brochure in-18 . . . . » 50
Les Trois Empires. Brochure in-8º . . . . 2 »
Une Solution nouvelle de la Question romaine, suivant le droit moderne, par LOUIS OLLIVIER. Brochure grand in-8º 1 50
De l'Autriche et de son Avenir. Brochure grand in-8º . . . . 2 »
La Prusse et le Rhin, par ÉVARISTE BAVOUX. 1 vol. grand in-8º . . . . . . 3 »

QUESTION ESPAGNOLE

La Révolution Espagnole. L'Œuvre des Cortès constituantes. Br. gr. in-8º . 1 »
A qui l'Espagne? Brochure grand in-8º . . . . 1 »
Charles VII, roi d'Espagne. Brochure grand in-8º . . . . 1 »
Isabelle II et l'Espagne. Brochure grand in-8º . . . . 1 »
Prim et le Prince des Asturies. Brochure grand in-8º . . . . 1 »
L'Anarchie Espagnole. Brochure grand in-8º . . . . 1 »
Que veut l'Espagne? Brochure in-8º . . . . 1 »
Restauration Espagnole, par A. DUMON. Brochure in-8º . . . . 1 »

QUESTION D'ORIENT

Le Dossier Russe dans la Question d'Orient. Brochure grand in-8º . . . . . 2 »
Le Suicide de l'Empire Ottoman. Brochure grand in-8º . . . . 1 »
La Turquie et la Grèce contemporaine. Brochure grand in-8º . . . . 1 »
Les Turcs en Bulgarie. Brochure grand in-8º . . . . 1 »

Paris-Imp. PAUL DUPONT, 41 rue Jean-Jacques-Rousseau.